JN410539

길 없는 숲 여기저기

김석규 외

그림나무 2016

길 없는 숲 여기저기

지은이 김석규 외
펴낸이 최명자

펴낸곳 책펴냄열린시
주소 48932 부산광역시 중구 동광길 11, 203호
전화 051 464 8716
출판등록번호 제1999-000002호
출판등록일 1991년 2월 4일

인쇄일 2016년 11월 20일
발행일 2016년 11월 22일

값 15,000원

ISBN 978-89-87458-98-4 03810

국립중앙도서관 출판예정도서목록(CIP)

길 없는 숲 여기저기 : 그림나무 2016 / 지은이: 김석규 외.
-- 부산 : 책펴냄열린시, 2016
p. ; cm. -- (제3시선 ; 11)

ISBN 978-89-87458-98-4 03810 : ₩15000

한국 현대시[韓國現代詩]

811.7-KDC6
895.715-DDC23 CIP2016026537

제3시선 12

그림나무 시 2016

길 없는 숲 여기저기

'그림나무 시 3'을 내면서

영광문화예술원 시창작반에서는 금년에도 엔솔로지 〈그림나무 시〉를 낸다. 세번째가 되는 이 작업이 앞으로도 지속적으로 이뤄지길 꿈꾸어본다. 함께하는 도반들이어서 큰 이견이 없는 한 이뤄질 수 있다는 생각이다.

시의 뿌리는 현실인식이라는 사실을 자각하고 시의 의미를 현실 속에서 찾으려고 고심하는 회원들의 모습을 볼 때 시인으로서의 자질을 잘 갖추고 있구나하는 안도를 하게 된다. 공허한 말장난으로 현실을 외면하는 의식없는 시인이 아니라 기꺼이 현실의 부정적인 모습에 분노하는 그리고 그 분노를 삭혀서 결고운 언어로 형상화 시켜내는 시인이기를 기대한다.

비록 언어가 부족하고 의미의 깊이가 최고의 경지에 이르지는 못할지라도 한걸음씩 다가서는 모습이 어쩌면 숭고한 자기 수련이라는 담금질을 통해 얻어지는 최선의 향기가 아닐까한다. 삶은 결과가 아닌 과정이라고 볼 때 쉽게 결과에 매달리기 보다는 먼길을 돌아서 갈지라도 과정이 주는 행복에 기꺼이 빠질 수 있는 구도자이기를 염원해 본다.

시에 대한 정답은 없다. 시가 지닌 최선은 바로 자유정

신이다. 어떻게 시에 접근하든 간에 그것이 객관성을 가지고 독자를 찾아 간다면 그것이 바로 정답이고 시다.

개인적 사변에만 머무르지 않는 시가 아름답다. 객관화된 개인적 사변이어도 상관없다. 누구에게나 공감을 전할 수 있다면 그것은 훌륭한 시가 될 수 있다. 수없이 쏟아지는 많은 시들 중에서 살아남을 수 있는 시는 바로 홀로 독자들 사이에 우뚝 서서 숨 쉬고 있는 작품일 것이다. 객관성이야말로 시를 살아있게 하는 호흡일 것이다.

자신만의 시세계를 갖추기 위해 부단한 노력을 아끼지 않은 회원들의 결실을 거두는 이 책이 세상에 나가 독자들에게 위안이 되고 사랑받는 영혼이 되기를 꿈꾸어 본다.

초대에 기꺼이 참여해 주신 시인분들께 감사를 올린다.

2016. 10. 30

그림나무

초대시인

김석규
임동윤
홍일선
복효근
김수우
신정민

김 석 규

망양로 통신 외 1 편

그때는 그래도 살맛나게 생기가 넘쳤다
아침이면 울면서 학교가는 아이도 보이고
저물녘엔 어린 것들을 불러 들이는 소리도 들리고
나무 그늘에선 이웃끼리 술판을 벌이기도 했다.
사십년 가까이 살아오는 동안
동대신 3동은 망양로가 되어 설면해지더니
낯 익은 얼굴 하나 둘 떠나고
사람이 사는 지도 모를 가축도 않는 집 늘어가고
멀리 남항의 푸른 물마루마저 야금야금 지워진
기우뚱한 골목 어름치에 버커리들만 나앉아
손톱만하게 남은 바다를 내다보고 있다.

날 저물어

훈수꾼들이 하나 둘 흩어져 가고
덕지덕지 손때 앉은 장기판
뉘엿뉘엿 햇발도 비스듬히
일수불퇴라며 실랭이질도 몇 차례
장군 받아 멍군이야
스르릉 설겅 톱질은 이어지고
최고의 상수는 빅수라고
손을 털며 일어서는 두 사람
어깨 구부정히 그림자가 가는

김석규/ 경남 함양출생. 1965년 부산일보신춘문예 당선.현대문학 시 추천(청마 유치환 추천) 시집 『풀잎』, 『신라에 내리는 눈』, 『새벽의 시』, 『모란꽃 이울 때』 외 다수, 현대문학상, 윤동주문학상, 부산시문화상 등 수상

임 동 윤

두레밥상의 저녁 외 1 편

옛집 부엌에 두레밥상 하나 걸려있다
어쩌다 상판의 옹이가 빠져나가고
옻칠 벗겨진 테두리는 쪼그라든 젖무덤 같다

두런거리던 삶이 덕지덕지 달라붙은 밥상
봉숭아꽃물 들던 저녁이 초승달도 붉게 타오른다
찰옥수수와 분이 도는 감자로 차려진
식솔들의 가난한 여름이 알록달록 새겨져있다

어머니는 늘,
입맛 도는 소식만 밑반찬으로 내놓으셨다
봉긋한 밥사발과 국그릇이 비워지면
올해 농사도 대풍이라고 모두 넉넉해하셨던,
간혹 도시로 유학 보낸 자식들 걱정에
담장 밑 해바라기도 목을 한 뼘 더 늘였었다

잘 삼긴 감자 고구마가 알맞게 식어가고
분에 넘친 과식으로 화장실을 넘나들었지만
내일은 남새밭 김을 매야한다고 공지말씀 남기시면

짧은 여름밤은 대청에서 저물어 갔다

오늘은, 먼지 누렇게 뒤집어쓴 밥상
식구들 밥술 뜨는 소리 낱낱이 기억하는

속으로

세상 한 가운데로
왕벚나무 뿌리가 뻗어 나와 있다
보드라운 살결의 흙이 말라버리자
뿌리의 길을 가로막는 암반덩어리를 만나자
오늘은, 어둠 속으로 내몰린 것,
그때부터 나무는, 동상의 겨울을 만나고
폭풍우와 맞서는 집이 되었다
아픈 뿌리의 힘으로 꽃들은 피고
눈빛 까만 버찌가 달리고
참매미의 울음이 라른 껍질로 남았다

폭설이 뿌리 바깥을 꽁꽁 얼린다
세상은 늘 그늘이 많은 법,
풀벌레 울음도 사라진 바깥
그곳은, 네온불빛 현란한 울음의 도가니
두 눈 벌겋게 뜨고 코가 베어지는
그런, 바깥은 없다
오직 눈 감아야할 오늘이 있을 뿐
아아, 눈이 내렸으면 좋겠다

상처투성이 바깥을 덮었으면 좋겠다

임동윤/ 1968년 강원일보 신춘문예 「순은의 아침」으로 등단. 시집으로 『연어의 말』『나무아래서』『따뜻한 바깥』『사람이 그리운 날』 등 0권. 〈시외 소금〉 주간. 수주문학상, 김만중문학상 등 수상.

홍 일 선

구절초 외 1 편

일찍 핀
오뉴월 꽃들
염천 뙤약볕 생명들
늦으막히 꽃망울 터뜨리시는
그 꽃 부러웠으리

밭 끄트머리
부끄러운듯 수줍은듯
꽃피워 모여 사는
구절초 일가
조용히 답했으리

우리 모두
함께 외로웠기에
함께 목말랐기에
더불어 짓밟혔기에
이 땅에 우리 있는거라고

늙은 논

여주 사람들 소원인
경강선이 개통되던 날
여주역을 지나고
세종대왕릉역을 지나고
추곡수매가가 20년전과 같아
우리나라 농부들이
집단 병사할 차례 기다리고 있는
야윈 들녘을 지나고

아직 추수하지 않은 늙은 논
수척한 벼이삭들이 물어왔지요
백남기 농부 돌아가신 것
살인 물대포로 절명된게 아니라
늙어 병들어 죽은게 맞느냐고
묻고 또 물었고

그때 다음 내리실 역은
부발역입니다라는
차분한 안내 목소리가 있었고

철도 노동자 김명환 시인이
역무원으로 있는 부발역
주위 비산비야도 들꽃도
지친 기색이 역력해서
애오라지 늙고 지친 논께선
뜨끈뜨끈한 고봉밥을 추억하는듯
오랜 선정禪定에 든듯 결가부좌로
두 눈 지긋이 감고 있고

홍일선/ 1950년 경기 화성생. 1980년 〈창작과 비평〉 여름호로 등단. 시집 『농토의 역사』 『한알의 종자가 조국을 바꾸리라』 『흙의 경전』 등. 현재, 여주에서 농부로 생업

복 효 근

근황

사람의 말 같지 않아야 시가 되고, 시로 여겨지고
사람 같지 않아야 시인이 되고, 시인처럼 여겨진다면

시 같지 않아야 사람의 말 같고, 말로 여겨지고
시인 같지 않아야 사람이 되고, 사람처럼 여겨진다면

시의 나라는 슬플 것인가, 기쁠 것인

가마구마구 시들이 뛰어다니고
시인들이 낙엽처럼 많은 나라에서

시를 쓸 것인가, 시인이 되어야 할 것인가 말 것인가
가슴에 손을 얹는 날이 있다

그 누가 있어

사위기 시작하는 반달이 떠 있는 새벽 두 시
잠에 깨어 홀린 듯 마당에 내려섰습니다

달이 시드니 밤하늘 별들이
더욱 초롱합니다

어두울수록 별은 빛나는 법이어서
골목에 서있는 저 두 개의 가로등만 없으면
온전히 밤하늘 별들을 다 헤아릴 수 있으련만 생각하다가

그러나 가로등이 꺼지거나 없기를 바라는 마음을
서둘러 지우고 맙니다

저 별은 누가 켜놓은 하늘의 가로등일지도 모른다는 생각이
가로등처럼 켜졌습니다

그 누구가 저 하늘에 있어

이 지상의 가로등을 별빛으로 헤아리는 그 누가 있어

내게 별이 사라지는 것처럼
그에게 이 가로등이 꺼진다면

내가 내 얼굴을 만져보는 것처럼 쓸쓸하고
내 왼손이 오른손을 더듬는 일처럼 하염없을 것이므로

먼 별빛이 깜빡입니다나
여기 있다고

복효근/ 1991년 계간 『시와시학』으로 등단. 시집으로 『마늘촛불』, 『따뜻한 외면』, 청소년 시집 『운동장 편지』 편운문학상, 《시와 시학》 주관 젊은 시인상, 신석정 문학상 수상

김 수 우

노란 칸나 외 1 편

빈 생선궤짝 옆에 오래 잊었던 태양신이 도착했다 어시장 뒷길이었다

그는 수척했다 너무 늙었다 몸을 입는 일이 하루하루 쉽지가 않다

담벼락에 그림 그리던 계집아이는 이제 엄마가 되어 갈치를 팔고 있다

수직과 수평을 다 삼켜버린 저 환생, 잘 아는 듯 오래 응시하지만

결코 알 수 없는, 적막의 발치를 닦는다, 그저 쭈빗쭈빗 그저 나직나직

노오랗게 거싯물 게우며 피어있는 일이 가난을 경영하는 전부이니

물꽃 아래

일 톤 트럭에 실려온 도다리 이십 킬로, 저울에 올라갔다가 수족관에 쏟아졌다 퍼떡였다 미끌어졌다 첨벙거렸다 풍덩 흘러 들어갔다 우무럭거렸다 꿈벅거렸다 아득해졌다 먹먹하다 눈송이처럼 아스라하다 시무룩하다 고요하다 링겔에 걸린 절망도 저녁식탁의 숟가락도 장례식도 장례식의 구두들도 밥알처럼 닦기 별도 막막하다 잠잠하다 희미하다 깊은 감옥 짧은 면회처럼 찬란한 지느러미, 하얀 거품을 짓는다

바다로 가는 버스가 까마득히 내 앞에 도착한다 그런데, 길이 없다 물꽃이 진다 바다가 사라졌다 아무리 태풍이 다그쳐도 눈시린 햇살이 졸라도 기도가 저리 절실해도 저 도다리들, 바다로 돌아갈 수 없으니, 결코,

김수우/ 부산 출생. 1995년 〈시와시학〉 신인상으로 등단. 시집『길의길』,『당신의 옹이에 옷을 건다』,『붉은 사하라』『젯밥과 화분』『몰락경전』시진에세이집『하늘이 보이는 쪽창』,『지붕 밑 푸른 바다』,『당신은 나의 기적입니다』산문집『씨앗을 지키는 새』『백년어』『유쾌한 달팽이』『참죽나무 서랍』『쿠바, 춤추는 악어』가 있다. 2005년 부산작가상 수상

신 정 민

젓무덤 외 1 편

저기 저, 낡아빠진 브래지어

숲의 젓꽃판 언저리

봉분 한 쌍

죽어서도 숲을 키우는 망자들이 있어

나무들은 잠시 물길 쪽으로만 뻗던 뿌리를 돌려 세운다

어린 가시풀꽃이 호박벌을 키우듯

개옻나무잎이 바람을 붉게 물들이듯

길 없는 숲 여기저기

목숨이 목숨을 먹여 살린다

욕

목욕하길 끔찍하게 싫어하는 노파는
몇 타래의 욕 뭉치일까

여기저기 꼬집히며
홀쭉해진 몸을 씻긴다

마술사의 입에서 잡아당겨지는 리본 같이
알록달록한 욕들을 풀어내는 노파

사는 동안 울고 웃어야할 양이 정해져 있듯
사는 동안 뱉어내야할 욕도 정해져 있는 것

어머니가 욕하는 걸 한 번도 본 적 없다는 자식들의 말을 믿는다

욕까지 씻길 순 없어
욕을 받는다

나 또한 사는 동안 들어야할 욕이 있어

군말 없이 받아 삼킨다

신정민/ 2003년 부산일보 신춘등단. 시집 『꽃들이 딸꾹』『뱀이 된 피아노』『티벳만행〉『나이지리아의 모자』

회원 작품

장진구 박무섭
노장현 박재곤
조정이 강영환
정주영 송연우
변　송 박명균
강위석 임희자
김경숙 최선희
손삼현 정정순
박윤지 민정원
이남훈 이리안
신진련 정지윤
김원용 김주현
김순여 정명지
서랑화

장 진 구

식탁에서 외 2 편

50년 끼니 때마다 식탁을 꾸리는 일이
힘에 겨워 병이 든 할머니
아침부터 티비를 지키며 소파에 누웠다

오늘은 밥상을 차리지 않아도 되었다
오랜 동안 해 오던 일이지만
더 이상 지탱할 기운이 없다

비어있는 식탁
채소밭이 떠난 자리에
비타민이 열렸다

주둥이 큰 비닐 통에
떼어먹는 약봉지가
똬리를 틀었다

사흘 전에 마시다 둔
물병 앞에 종이컵 하나
누웠다

맞은편에 앉아 접시를 비우던 영감도
젓가락 끝으로 밥알을 헤던 딸아이도
떠나고 남은 빈자리

유월 아침 햇살 눈부시다

소금

달구어진 토판에 허기진 몸이
움돋이 몸짓으로
바람에 날을 세웠다

산나물 상채기마다
스며들어
더운 밥그릇 온기로
하루를 열고 있다

소금 꽃 피우던 빛바랜 흔적들이
짠맛으로 돋아나 서늘한 아픔이다

소주 한 잔을 마셨다

면도자국 검게 돋은 편육 한 점
왕 소금에 찍어
목에 걸린 거스러미 걷어내었다

소금은 바다 위에 피는 구름이다

가슴속에 이는 불꽃
이마를 지나는 바람이다

숨길 노래하는 하늘이다

반지 전설이 되다

수정동 산복도로 가파른 계단 끝 동네
언덕을 골라 판자로 집을 들여앉혔다
실향민은 좁은 골목길을 터놓고 벽 너머로 온기를 나누었다
낮은 지붕 밑으로 반찬가게를 지키는 해성댁 젖은 왼손 약지에는
외가락지가 별빛이다
미닫이 유리문을 오가는 사람마다 눈인사로 눈부시다

빛을 잃어가던 저녁노을을 지키던 시린 손바닥에 반짝이는 반지는
이웃집 학생 손가락을 오므려 쥐어준 별이 되었다
온기로 가슴을 열어 사그라지는 햇살 끝자락을 잡았다
마감한 은행 문을 두드리는 젊은 가슴 가쁜 숨결이 쪽문을 열었다
땀에 젖은 입학금 영수증에 푸른 멍자국 선명한 흔적을 새겼다

그 후 해성댁 가락지는 빛살로 돋아나 손가락 두 째

마디를 지나 돌아와 누웠다
저녁연기 짖는 연탄이 되기도 하고
교복단추가 되기도 하고
교통사고 옥바라지 여비가 되기도 했다

발아래 수평선 아침 햇살 돋아 내리는 골목길에는
반찬가게 해성댁 가락지가 빛을 내며
떠다니고 있다

장진구(張鎭九)/ 경남 밀양 출생. 월간《모던포엠》시부문신인당선. 시창작'길' 동인.
django2208@hanmail.net

박 무 섭

순천만 갈대 외 2 편

켜켜이 태고가 누운 갯벌에
곱게 빗질한 머릿결이
갈색 물결로 일렁거린다
가을 햇살이 구름을 헤집고 손짓하는데
갈바람이 시샘을 한다
흔들리는 가슴 주체하기 어려운데
농게가 발목을 잡고 놓지 않는다
한 낮 볕살에 지쳐 졸음에 겨운데
이웃 여자만에서 마실나온 망둥어가
물골 따라 와서 선잠을 깨운다

푸른 가슴은 썰물에 흘러가고
깊은 회색빛 주름살만 남았다
메마른 가슴에 매달린 별들
솜털 날개로 어디로 떠나갔을까?
된바람 몰려오기 전에
시린 손발 뻘 속에 묻어두고
시부랑 대는 달랑게 옆에
조용히 겨울잠에 빠진다

천도재

대웅전 법당 앞에
합장을 하고
영가를 보내는 살붙이들
극락왕생을 기원한다

사십구재 올리던 날
스님 발원문 듣고
백합꽃 화원에서
홀연히 날아간 극락조
그 새를 본 사람은 아무도 없다

향연香煙 속 살붙이들
슬퍼하는 가슴 속에 날아간 극락조는
온전히 흐르는 한 줄 혈관도 없이
발자국 그림자가
나날이 찍혀있다

허물지 못한 벽

'현해탄'
눈물을 씹으며 오고간 말인데
지금은 잊히는 이름이다
한 세기 전에
무명 바지저고리를 망아지 끌듯
끌고 간 피맺힌 물결이었다

사나운 파도 넘어 따라간 곳
남지나해 이름 모른 밀림 속에
외로운 귀촉도가 밤마다 울부짖고
승냥이들 손길에 꺾어진 꽃잎들
서산 노을빛에 절규하고 있다

버섯구름 속에 사라진 꽃봉오리는
아직도, 하늘가에 맴돌고 있는데
야성을 버리지 못한 도인島人들은
세상에서 가장 어렵고도 쉬운 말

"잘못하였습니다"

진정어린 이 한 마디 말이면
무쇠로 쌓은 장벽도 녹아 내릴텐데…
어원이 모자라는 그네들을
회초리로 칠 수도 없다

박무섭/ 한국방송대 국어국문과 졸업. 2014 〈그림나무 시〉 1집으로 작품 활동. 〈길〉 동인. 그림나무 회원. pms440918@hanmail.net

노 장 현

반지 외 2 편

황무지에서 만난 장미꽃
이슬 머금고 피어난 꽃 한 송이
순결한 눈망울 웃음 지으며
내 가슴에 다가와 집을 짓는다.

사슬로 동여맨 언약의 무지개
검은 구름. 성난 여울을 지나
말없이 흘려보낸 젊음
밝은 햇빛 등에 업고
내 안에서 보낸 세월

고요한 대지를 거닐며
사랑의 빛으로 노래하던
정든 가슴 반지에 묻어 두고
보석 같은 손으로 어루만지며
끝없이 우리를 엮어 놓았는데
돌아보지 않고 떠나간 당신
오늘도 베란다에서 장미가 핀다.

소나기

매지구름이 물쿠어 햇빛을 가리우고
구름 밖에서 섬광이 요란한데
우뢰는 천지를 호령한다.
깽깽이매미는 놀라 울음 그치고
깡마른 땅에 열기 가득 찬데
작달비는 씨실을 엮어
개울물 손잡고 술래 잡이 한다.

빗방울은 화음을 내고
처마 끝 빗물에 사랑 싣고
나뭇잎 고개 들고 너울거린다.

겨릅대 지붕 밑 콩 볶는 소리
옛 이야기에 정이 피어난다.
길섶에 얼굴 가리우고 미소 짓는
수줍은 백화등꽃 향기에
소낙비 발자국 소리 남기고
멀리 사라진다.

서리꽃

산하에서 초록꽃이 멀어지고
낙엽은 소리 내어 가버린다.
찬 서리가 길을 찾아
삭정이에 앉으니
은하수에 매달린 그림자 남기고
가녀린 꽃으로 피어있네

별빛에 반짝이는 눈동자
산정호수에 젖어 있고
가슴에 품고 싶은 달콤한 꽃송이
햇빛 싫어 간 곳이 없구나
떠난 상처를 무엇으로 씻으랴
애타게 바라보며
서늘한 그대 모습 어디에 있을까
애닯다 서리꽃이여

노장현/ 《에세이문예》로 수필 등단. 효원수필문예,
부산수필문예, 시집『아직도 길은 손바닥에 있다』
부산문인협회 회원. roh1934@hanmail.net

박 재 곤

내 언어를 수장하다 외 2 편

내 언어를 수장하러
소류지小溜池를 찾았다
갓 목욕을 마친 그녀가
술잔 가득 말들을 따라준다
발효된 언어들이 풍기는
산머루 내음

짧은 대 하나 펴고 말들을 낚는다
묵은 내 안의 말들이
소리내어 울고 있다
그들을 질책한다
그러니까 빛바랜 연흔들은
다 지워야 한다
조금 남은 애증도 버려야 할 것이다

주어主語를 잃고 방황하는 늙은 뼈
나의 문법 또한 수장시키고
수초를 게걸스레 뜯어 먹는다
사람 손길 타지 않은 풀들이

싱싱한 글로 환생한다

채식주의자로 변해
깊이 가라앉는 말들이
컹컹거리며 가시를
뱉어내고 있다
도무지 본적 없는 낯선 말들이
수면위로 튀어 오른다

주) 연흔連痕 : 물결자국

해후

걸었다
그대와 마주치다
몸을 씻어 말리던
물봉선 꽃들이
출렁이며 다가 온다
일제히 속삭이는
그대 입술
혼자서 골짜기 넘어가는 구름
영마루에 누워서
경전을 읽는다
바람은 바람 길을 따라가고
남녘 사투리만
가을 산속에 남았다

철이 없었다

비탈길에 서있는 편백을 보고
지팡이를 버렸다
하늘을 지고서도
등 굽지 않는 나무가
내려다보고 있다

여름도 그 밑에서 쉬었다 갔다
원추리 꽃이 늙은 목덜미를 떨구어도
나무는 고개 숙이는 법 없다
진달래가 꼬드기고 뻐꾸기가 깨워도
잠만 자는 봉분을 보면서
퍼렇게 산다
철이 없다
철이 없어서 늙지 않는다

옹골차게 여문 나이테들이
취하도록 마셔도
이파리 하나 떨구지 않고
그 끝에 닿으려 맹렬히

하늘을 쏘고 있는 가지들
옹이는 밝은 눈이 되었다

백양산 기슭 맑은 햇살 헤집고
나무는 까마득한 깊이로 살고 있다
아무것도 모르고
철없다 철없다고
편백에게 말한 내가
영 철이 없었다

박재곤/ 경북 청도 출생, 경북대 졸업. 〈부산시단〉 등단. 시집 『강물의 성거상』 부산시인협회, 부산문인협회 회원. 그림나무 회원

조 정 이

푸른 부고 외 2 편

스마트 폰 속으로
부고가 도착했다
진주 제일병원 영안실 206호 2월26일 발인
누가 이런 간곡한 한마디를 보낸 것일까

갈대꽃 한웅큼 내 밀던 낯빛이 떠오른다
말쑥하게 야위고 푸르렀다
남강 변에서 처음 만난 봄풀 이었다
살뜰한 볕살에 귀밑이 붉어지면
강가에서 낯을 헹구던 사람
늘 갈대를 흔드는 바람소리가 났다
장례식장 문을 밀고 들어서면
웃으며 반길 것 같은 얼굴
꽃불로 타오르지 못하고 떠나간다 간다

꽃핀 마음 분질러 버린다
멀구슬 열매로 빠져나온 내 골육의
뜨거운 기가 천국에서 달려나와
쏟아진다

젖몸살

흰두리가 새끼 세 마리를 낳았다
천방지축 아무것도 모르는 어린 것이라 여겼는데
삼복더위에 부른 배를 바닥에 깔고 끙끙 대더니
품속에 똘똘한 수놈 셋을 품고 있다
눈망울 까만 흰둥이들 어미젖을 빨고 있다
언제 쯤 젖술을 끊는지도 모르는데
이웃에서 강아지 키우고 싶다고 왔다
새끼 보러 왔다는 걸 어미가 아는 걸까
눈에 익은 이웃을 막아서며 기를 쓰고 짖어댄다
울음으로 벽을 치고 있는
저 진한 핏줄을 무엇으로 자르나
퉁퉁 불은 젖을 바닥에 문지르며
목젖 내려앉은 울음마냥
흰두리, 젖은 목소리를 내 걸고 있다

흔들리는 가을밤

제 어깨끼리 부대끼며 피워내는
눈 시린 억새꽃을 본다
마를 대로 마른 몸으로
몇 골을 넘어와
돌벼랑을 치고 올라 선 능선에서
가을밤 별자리에 들어 선 것일까
제자리에서 별무리를 불러 모았을까
가슴팍에 물기가 서린다
빈집처럼 서 있는 내 허공은
뿌리내리지 못한 바람없이도
흔들리는 밤
어깨 위에 억새꽃이 핀다

조정이/경남 사천 출생. flora6746@daum.net

강 영 환

징 할머니 외 2 편

춘천에 사는 이희월 할머니(77세)는
한 밤 중에 밭에 앉아 징을 친다
뜯어먹히는 콩잎을 지키기 위해
고라니가 밭가에 와서 꽥꽥거리면
할머니도 고라니를 향해 꽥꽥거린다
그놈도 선불리 공밭을 탐하지 못하리라
고무신도 태워 걸어 놓고
미장원에서 얻어 온 머리카락도 걸어 놓는다
인적을 피우기 위해 밤새우는 일이
하루 이틀이 아니다 이희월 할머니
주름살이 괜히 생겨난 것이 아니다
꼬부라진 허리를 펴지 못하고
고라니와 눈 맞춰가며 고라니를 보살피면서
날 새는 일에 이력이 났다

전화번호부에 숨었다

의사나 변호사처럼 크게 높이 걸려
남에게 호소해 본 적 없는 내 이름은
누구도 불러 주지 않는 미세한 4포인트
깨알만한 의무로 구석에 웅크리고 있다
같은 이름들 수인과 이웃하며 티격태격
책임지는 일 없이 한 자리에 뒹굴다 찢겨져
숨거나 달아나거나 버려지거나

이삿짐을 싸면서

이삿짐을 싸면서 책을 읽는다
버려야 할 책과 두어야 할 책을 나누다가
남겨 두면 짐이 되는 것이 싫어서
다 버려야겠다고 정하고 나니 참 쉽다
어렵던 의미가 풀려 나와 책을 버린다
젊음이 지고 온 무거운 짐을 다시
누구에게 떠넘길 수가 없다
책이 귀한 때에 버리지 못한 내 사랑이
유효기한을 훨씬 지나쳐 버렸으니
이제 헤어질 때가 되었지
사랑을 거둘 때도 지났지

책은 버려진 뒤 혼자 떠돌다가
필요한 누군가에게 닿아
그의 눈에 손때를 묻혔다가
아름다운 서가에 꽂힐 일을 생각하면
내가 책을 버린 것이 아니라
마땅한 처소를 찾아 간 건 아닌지
지나 온 사진첩에 넣어둔 숱한 사진을

불에 던지는 일처럼 후련하다
한 때 소중했어도 남겨두면 짐이 되는 의미들
스스로를 찾아 떠나는 날개가
버려도 금석문처럼 아침을 각인해 주는
떠날 짐을 싸면서 뜻을 읽는다

강영환/ 1977년 동아일보 신춘문예로 등단. 시집으로 『출렁이는 상처』 외 다수, 부산작가상, 이주홍문학상, 부산시문화상 수상
ebond@hanmail.net

정 주 영

강을 건너다 외 2 편

유년의 강을 건넌다

자운영이 열꽃으로 타던 벌판
실개천을 건너면서
황소와 별 은하수를
내주었다

동백이 열병식 하던 골목
소하천을 건너면서
동박새와 붉은 육친들을 함께
내주었다

고압선이 신음하던 변두리
가슴 저린 내 사랑을 전해 줄
벌과 나비를 기다리다
복개천을 건너면서
마지막 남은 한 방울 눈물마저
내주었다

성년의 강을 건넌다

산다는 것은
떡장수가 고개를 넘을 때마다
호랑이에게 떡을 하나씩 내주듯
강을 건널 때마다
허공에게 자신을 하나씩 내주는 것

지금은 모두 내주고
빈 광주리에 노을을 담으며
저문 강을 건너고 있다

광장

광장은 아우성이다
용오름 하던 푸른 함성
길 따라 바다로 흘러갔지만

그해 유월, 서면로터리
낙농강에서 궐기한 떼개구리들
광장에 모여 부르던 그 노래
지금도 귀에 걸려있다

'대머리야 대머리야
 네 머리를 내놓아라
 내놓지 않으면 구워 먹으리'

떼 창에 놀란 페퍼포그 차량은
지랄탄을 일제히 쏘아 올리고
때 아닌 자욱한 살충제에
끝내, 하늘마저 통곡했던 그날…
세월은 갔어도
기억은 지문으로 남아있다

길을 따라,
쿠스코 광장까지 갔더니
그곳에도 아린 잉카역사가
이끼처럼 덮여 있었다.

광장은 데칼코마니
사람 사이에 살아 있다

한가위 날에

흑백필름 속 새 동네
배꼽마당을 지키던
늙은 감나무가 끝내 쓰러지고
대청마루에 진설됐던
아버지 차례상까지
비바람이 올라왔다

사천왕상을 닮은 사라호 태풍이라 했다
무엇이 그렇게 애달팠으랴
비바람이면 그냥
제 갈 길 가면 그만인데

그날 이후,
황토재를 넘어 길 떠난
어린 보부상 가슴에는
해마다 추석이 오면
비바람과 함께
한사리가 들고났다

물이 나간 개펄에 널브러진 초가지붕, 조롱박, 보름달, 뒷동산, 소나무, 그네, 송편, 성뭇길, 운동화, 참새, 그리고 어머니… 해마다 뻘밭에 늘어나는 캘 수 없는 조개들로 몸살을 앓았다

이제는, 기억할 개펄조차 잃어버린
늙은 보부상
올해는 지중해까지
갯바람에 등 떠밀려
낯선 국경선 너머에서
혈육을 찾아 서성거렸다

정주영/부산시 공무원 명예퇴직, 그림나무 회원.
jeong6552@naver.com

송 연 우

꽃을 보면 이별이 보인다 외 2 편

꽃은 눈물을 닦아 준다
파도를 타며 살아야한다고
어머니처럼 다독여 준다

바람이 노래를 들려주면
하얀 수련꽃 속 달빛 별빛이 머문
영화가 환하게 비칠 때
꽃이 질 때 슬픔이 보이는 줄 몰랐다

꽃은 아름다울수록 이별노래를 부를까
지상에는 완전한 행복이 없나보다
아무리 착하게 꽃 피워도
아무리 참고 밤새워도

"풀은 시들고 꽃은 지지만
하느님 말씀은 영원히 서 있으리"

가슴에 새겨주는 저 꽃 끝에…

씹어야 맛을 안다

아침이슬이 깨기 전 움직이는 손
평생을 집밥 차리는 일에 닳고 닳아
일흔 다섯번째 겨울
멀리 와서 되돌아 볼 때
씹는 일이란 예사롭게 여기지만
덜 씹히면
깊은 사랑도 가시처럼 걸리고
깊은 파도 소리도 듣지 못한다

손맛은 거짓을 모른다
알뜰한 손길이 달 속 같이 뜬다
뜻밖에 철이가 만들어 온
유자와 레몬을 섞은 차
씹을 수록 묘한 단맛에 푹 빠찐다
꽃 향기 속 흐르는 꿀벌 손길이
낙엽처럼 떨어진 입맛
초록잎 같은 생기를 풀어놓는다

먼 길을 향해

아무도 지나간 적 없는 고갯길
언제인가 그곳을 향해 간다
신神만 동행하는 길목으로
아픔의 씨 묻힌 몸으로
오늘도 삐거덕거리며 간다

영양 주사를 맞으며
아픔의 씨를 뽑고 삭혀도
잡초처럼 다시 돋는 병
늦은 황혼 길에 부모님 편찮으셔
저물녘 붉은 노을 얼룩이던
고갯길 모습 떠오른다

찬란한 해도 서녘하늘에 먼 하룻길 핏물 노을이듯
시간이 흐르는 강 따라가면 편하지 않는가
먼 산 볼 여가 없는 날 위해
납매, 능수매화, 수선화, 수사해당화, 아메리칸 홀리, 모란, 작약, 불두화…
차례로 피며 슬픔을 닦아주기 위해 서서

지쳐 넘어져도 또 일어나라 손 잡아주는
달콤한 향기, 산뜻한 자태는
어둠길에 하나 둘 가로등으로 밝아온다
하룻밤 쉬었다가 또 길을 나서자한다
나의 종점 고개에 도달하기까지
구석구석 정리하는 빛까지 주신다

송연우/ 경남 진해 출생. 창원대학교 평생교육원 문예창작과 수료. 〈한맥문학〉 등단. 시집 『비단향나무와 새와 시』『여뀌의 나들이』『맨발의 춤사위』『비탈 그리고 제비꽃』 현재 〈한국문인협회〉〈동원문학〉 회원.

변 송

그리움 외 2 편

허우적거릴수록 더욱 깊이 빠져들어
헤어날 수 없는 수렁에서
굴레에 갇힌 낙타의 혹이 되었다

가깝게 보이다가
멀어져가는 백미러처럼
차오르다 유산되어버린 아픔

어느 여름밤 한 줄기 바람이 되어
가슴을 할퀴고 지나가는
처음 듣는 황홀한 음악 같은 것
설레던 가슴에 푸르름 잃어버리고
낙엽 속에 묻혀간다

메아리가 산속으로 스며들 듯
모래밭에 묻혀 사라져가는
발자국 잊지 못하여
마른 눈물로 얼룩진 눈시울 숨긴다

산행

산문에 들어서면 청량한 바람이
공해에 찌든 폐부를 헹군다
발 닿을 때마다 느끼는 전율에
경험하지 못한 신비의 경외감으로
자연의 마술에 걸려
구름 위를 걸어가는 황홀한 산행이다

거친 숨결로 기도가 끝나고
커다란 바위 위에
참았던 고통의 끝을 토해내면
어느새 산야가 발아래 서 있다

높고 맑은 하늘이 곁에 있어
눈에 담은 풍경은 가득하다
산마루 지나 내리막길에
무릎이 삐꺼덕 거리는 소리와
흔들림은 등짐이 잡아주고
비탈진 산행에서 깨달음 하나 얻는다

가을아침

저수지에 피어오르는 안개꽃은
산허리 휘어 감고
스산하게 불어오는 바람이
볼 살을 스치는 이른 가을

고개 숙인 벼이삭 등에 업힌 메뚜기는
잠이 덜 깬 눈을 비비고
강아지풀 목덜미를 누르는
고추잠자리가 젖은 날개를 털어보지만
날기에 이른 아침이다

지난 여름이 희끄무레 바래져 가는 길목
상흔만 짙게 남은 그루터기에
짧은 가을동안 마무리가 벅차겠지만
풀벌레 소리는 차가운 겨울마중이 바쁘다

거미줄에 방울방울로 맺힌 태양이
눈부시게 건네주는 빛으로
걷혀가는 안개 속에서

새로운 발자국을 찍어가며
힘차게 나아가는 가을아침

변　송/ 〈문학예술〉 등단, 시집 『목련이웃』, 부산문인협회, 부산시행정동우문인회, 그림나무 회원

박 명 균

매듭진 뿌리 외 2 편

사람은 모태로 태어나
한 평생 그리움을 안고
끈과 끈을 매듭지어 산다.

인연의 그윽한 향기
혼자서 자라는 것 같이 보이지만
뿌리는 서로 손을 잡고 있다.

인연을 연결하는 산물
허욕 없는 매듭의 끈은
단단하고 강하며 아름답다.

만나서 사귀고
보이지 않는 뿌리가 가슴에 엉켜
두고두고 하나 되어 영원하고 싶다.

그릇 빚는 목수木手

알래스카 남부
스카그웨이Skagway 호숫가에는
가문비나무로 오두막을 지어 사는 자연인이 있다.

통나무로 벽을 쌓고
지붕 위는 루핑과 잔디 흙을 깔고
실내에 벽난로를 만들어 안식을 얻는다.

밤이면 창으로 오로라가 방문하고
낮에는 개와 순록이 모는 썰매를 타며
눈 덮인 동토의 풍경을 보며 즐긴다.

하늘과 땅 사이
무한의 빈자리를 채워
일상을 담는 그릇 만드는 목수가 있다.

일출 앞에서

광안대교에서
얼굴 붉은 또렷한 첫 일출과
깨어나는 바다 물결을 지켜본다.

잘 뛰는 맥박과
경건한 낯빛을 간직하기 위하여
해를 향한 나의 합장은 가슴에 먼 길을 새긴다.

햇님은
더 높이 솟아 솟구쳐
따뜻한 온기로 감싸주고

출렁이는 바다를 심장에 들인다.

박명균/ 경남울주 출생. 〈문예시대〉 수필 등단. 부산문인협회, 퇴계학 부산연구원 회원

姜 魏 錫

가로등 외 2 편

서쪽이 해를 삼키면
단단해 지는 어둠을 밀치며
눈에 꽃을 켜고
직립 하는 신념이 붉다
저녁과 아침 사이는
구만리보다 먼 적막이다
눈 한점 못 붙이고
귀잠에 빠지는 세상을 투시하며
골목 그림자를 지운다
길고양이 발자국 소리도 삼키고
달맞이 꽃보다 환한 웃음으로
밤夜의 보늬를 벗긴다
하얀 속살이 보이는 밤栗톨까지
고요를 먹고 사는 붉은 종소리다

가방

울릉도에서
바다 설렘으로 뱃길이 무너져
발이 묶였을 때
믿는 것은 여행용 가방뿐이었다
도동항 선착장에서
손 때묻은 가방을 눈으로 쓰다듬으니
높은 파도 앞에서도
마음이 수그러 들었다
낮게 날고 있는 갈매기 울음도
파도에 파묻히는 난감한 연이틀
가방은 방파제였다
멀기만한 내륙
마른오징어 한축
명이나물 한봉지 담긴 가방에
파도소리가 집에까지 따라왔다
비닐을 둘러 쓰고
벽장에 웅크리고 있는 가방에서
새벽마다 파도소리가 난다
울릉도로 떠나자는 앙탈일까

활화산에서

불의 나라
일본 남규슈 가고시마鹿兒島 코앞
사쿠라지마櫻島 봉머리
분화구는 날마다 붉다

불꽃 끄트머리는 하얀 연기로
하늘을 어지럽히고
잿가루는 되깍기 하산하듯
벼룻길을 내려온다

이토록 뜨거운 산을
벚꽃 섬이라 부르고
여기 저기 집을 세운 사람들은
꿈적도 않는 눈치다
해탈의 경지에 도달했을까

무람없는 쓰나미와 지진은
어디서 몹쓸 굿판을 벌리려는지
의문과 질문은 편서풍에 던지고

코미캉 몇 알
다이콩 한 개를 겨우 들고 돌아서며
머들거리는 눈을 씻는다

강위석/ 필명 , 강위시. 월간《모던포엠》시부문신인상등단. 부산시인협회회원, 부산문인협회회원, 부산크리천문인협회회원, 〈그림나무〉 회원
kws3661@daum.net

임 희 자

늦은 시인의 기도

일요일 늦은 아침 식사 후
맑은 차 한 잔 손에 들고 창가에 앉으니
엷은 햇살과 뭉게구름까지
일렁이는 찻잔 속에서 산들바람이 인다
발바닥이 근지럽기 시작 한다
하얀 머리위에 하늘을 이고
눈이 손짓하는 대로
발자국도 부지런히 뒤따른다
분홍색 블라우스는
후덥지근한 바람 냄새도 달다고 살랑거린다
눈길 머문 그림은 렌즈에 담아온다
늦은 밤까지 뒤척이다, 벌떡 일어나
하얀 종이 위에
눈도장 찍은 보물들을 하나씩 꺼내어
간결한 아름다움이 될 때까지 나열한다
눈 감으며 살며시 두 손 모은다

소낙비를 보며

외출 중 버스를 기다린다
구름 모자를 삐딱하게
반만 걸친 쇠미산에
엷은 구름 한웅큼씩
지나가는 전경이 수상하더니만…
일시에 와다다 퍼 붓는다
튀어 오른 빗물에 바짓가랑이가 축축하다
초읍 고개에서 거성 삼거리로 흘러내리는
물살은 깊은 도랑이 되고
지나가는 차들은 옆으로
빗살무늬 물줄기로 날개를 만들며
삼삼오오 신나게 뛰었다
잠시 사그라드는 빗줄기에
먼지로 쌓였던 도로와
늙은 가로수 잎들도
반지르르한 얼굴이다
내내 가슴앓이 하는 우리 언니도
한줄기 소나비에 씻은 듯
날마다 웃음꽃이 열렸으면 좋겠다

오월이 간다

와병중인 엄마를 보러 하동에 갔다
정신줄 놓아버린 엄니
목이 메여 말을 잃었다
자식으로서 차마 볼 수가 없다
"이제 가면 언제 또 올거냐"는 물음에
미동도 않는다
차거워진 손을 잡고
쓰린 가슴을 느끼며
젖은 눈가만 훔친다

봉숭아 꽃잎을 찧어
손톱에 꽃물 얹어 주고
한복 입은 성애는
엄마 닮은 옷맵시에
칭찬이 부끄러운 나들이도 많았는데
까칠해진 손등은 말이 없다
이 순간도 다시는 오지 않겠지만
가야할 곳이 있기에
무거운 걸음 집으로 향한다

장독대 옆에 서 있는
몽실한 수국 연두빛 봉오리에서는
보라색 입술들 나투어 미소 짓는데
돌아서는 발자국마다
눈물로 얼룩진 오월이 간다

임희자/그림나무 회원. sj45@hanmail.net

김 경 숙

꽃들은 모두 한 철 방이다

수국은 헛꽃을 만들어
날아다니는 것들을 유혹한다.

이곳에서 해해거리는 날개를 탕진하라고
헛꿈 속에 몸 풀어놓으라고
어느 밤거리에서 호객하는
포주처럼
자세히 보면 꽃이 아닌
보라색 등불 같은
헛꽃,

희롱이 없는 꽃,
여름도 아닌 뒷골목을 지나던
그 불그스름한 눈빛들처럼
골목 양쪽으로 길게 늘어선
꽃 불방들처럼
두눈박이쌍살벌 두엇 날갯죽지를 잡고
한여름 수국은
꽃등으로 한창 성업 중이다.

탐닉耽溺도 탐침探針도 아닌
나는 한여름의 중간
그래도 아직까지는 탐침에 마음 가는데
잘생긴 탐닉 불러들이고 싶은데
그만, 헛꽃들 본분을 이해하고 만다.

그러고 보니
꽃들은 모두 한 철 방이다.

울려라 경보

구부정한 가시나무 한 그루가
새벽부터 소란스럽게 달린다.
경보음을 울리면서
맴맴 시급을 다투고 있다.

바쁜 일상 앞에
느긋한 나무들은 꽃 피우고 열매 맺으며
제 앞날을 절정으로 출렁이는 중이지만
매미는 어쩌다가
늙은 가시나무를 택해
짧은 일생을 달리려 할까.
푹푹 찌는 낮잠을 접고
담장 그늘 쪽으로 피하는 햇살들
붉은 이질풀꽃 바람을 깨운다.

주야로 시끄럽다는 일생
기진맥진으로 살아가고 있는 것 같지만
알고 보면 계절을 앞서가려고
사력을 다해 여름을 횡단하고 있는 중이다.

누군가 저 경보음 좀
꺼 주었으면 좋겠지만
모두가 폭염이 거느린 폭발 같은 것이라
쉽게 접근하지 못한다.

울려라 경보!
오늘 같은 폭염엔 도둑들도 키가 낮아
손 안 닿는 금품들이 높기만 하다.

망중한

지난 밤엔 바쁜 꿈을 꾸고
한낮을 쉰다.

장식장 위에서 울려대는 시보時報 때마다
뒤척였고 그때마다 늙었다.
바람을 엮어 연못에 던져놓고
햇살 모종을 꽃밭에 옮겨주고
그늘을 풀어 나무 밑에 받쳐 놓는다.
열어 놓은 창틈으로 뻐꾸기는 저 혼자 바쁘다
울음을 슬어 내놓기 무섭게
산과 산이 어린 귀들에게 물어다 나르는
무성한 적요가 즐겁다

나는 꿈에서 늙었다
어제처럼 생시를 가꾸는 일에
열 자루 호미를 닳게 했다

풀물 든 옷을 벗고
벌레 물린 뒤꿈치를 털고

이음새가 없는 잠으로 가기위해
가장 편한 옷으로 갈아입고 단추를 채운다.
잠과 생시 사이에
누군가 태어나고 또 죽었다.

잠과 꿈 사이에는
풀지 못하는 무수한 단추들이 있다.
겹겹 옷들을 풀어헤치듯
계절을 건너는 잠과 생시들이 헐거워진다.

김경숙/ 2007년 『월간문학』 등단. 한국바다문학상 수상, 해양문학상 수상. 시집 『얼룩을 읽다』 외 다수

최 선 희

부적 외 2 편

눈길에 넘어진 시어머니가
자리보전하고 누워계실 때
신문지로 싼 뭉치를 쥐어 주시며
빨리 가방에 넣으라신다
“에미 손가락에 맞게 만들어 껴라”
속삭이듯 말해 얼결에 넣어온 물건을
집에 와서 풀어보니 금가락지 한 쌍이다
반지 하나 없는 손이 안쓰러웠나
안쪽이 닳아 얇아진, 용트림이 희미해진 반지가 헐겁다

그대로 서랍 속 깊숙이 넣어두었던
반지를 다시 꺼내 본다
오래 묵은 반지에서
그 길로 가신 어머니, 단내가 난다
여전히 헐거운 반지에 줄을 달아
목에 걸었다

심장에 가 닿은
어머니가 편안해졌다

목걸이

다섯 살 명이는 하루 종일 혼자서 논다
어물전 좌판에서 오징어를 파는 엄마는
일 나갈 때 딸아이에게 목걸이를 걸어준다
비닐 끈에 단단히 묶은
오징어다리 목에 건 명이
달동네 골목을 돌아다니면서도
옹벽아래 쪼그려 앉아서
바닥에 못 그림을 그리면서도
낮잠 자다 깨어나서도
울음 대신 목걸이를 입에 문다
오래 빨아 너덜너덜 조금씩 줄어드는 목걸이
그저 없었고, 없는 아버지인 양
입에 넣었다 꺼냈다를 반복 한다

태어나기 한 달 전
동해로 고기잡이 나갔다던 아버지
배와 함께 가라앉았다는 풍문을
목걸이처럼 걸고

민들레, 휴가 가다

용호2동 시장 골목 안
민들레 이불 집 사장은 마흔 중반 처녀다
몇 년 전 이사하면서
몽땅 새 이불을 만들어 준 그녀를 다시 찾았다
블라인드까지 쳐 진 유리문에 쪽지가 붙어 있다

"저 휴가 떠납니다. 부탄으로요.
행복지수 일등이라는 그 나라에 가서
한 달쯤 살고 오려고요.
팔월 말까지 찾지 마십시오.
-민들레 올림"

장마철이라 인견이불 하나 장만할까 하고 갔는데
반가운 헛걸음이다
재봉틀 하나로 동생 둘 공부시켜 출가시킨 그녀가
후딱 말아내 온 국수 맛을 한동안 잊지 못했는데
서글한 눈매에 붙임성도 좋아
여동생 같던 그녀에게 답을 달았다

"부탄 총각 하나 잡아
그만 거기 사십시오.☺"

최선희/ 경남 의령 출생. 문예시대 신인상 등단. 부산시인협회, 부산문인협회, 한국가람문학회 그림나무 회원 choisunjai@hanmail.net

손 삼 현

서리꽃 외 2 편

겨울은 분 단장을 하고 온다
굽은 길 베고 있는 밭 귀에
우듬지도 모양 나게
머리부터 꽃가루를 쓰고 있다

옹벽 곁 까만 승용차 지붕
눈꽃 닮은 면사포를 쓰고 있다

시린 새벽
태추가 첫 생산한
배꼽 물린 달덩이 홍시
밭이랑에 뒹굴고
쑥부쟁이도 분을 바른다

밤새 발목이 시리도록 몰래 달려온
낮게 깔려 피어나는 식은 바람
초목에 레이스를 입히려고
뜬눈으로 밤을 새웠겠지

하루살이 보다 더 짧은 생을 알까
별살 두터운 아침
꼬리가 잘리고 등뼈가 휘어져
대지에 작은 물꽃으로 시든다

※ 태추 : 신품종 단감. 모형이 크고 아삭아삭한 맛

붉은 옥가락지

물안개 번지는 남강 가
잔물결은 허기진 등으로 출렁인다

무르익은 연회
논개 열손가락 옥가락지는
진주성 굳게 닫은 성벽이다

꽃 단심은 둘이 하나 되어
송이째 남강 물에 날아 들었다

노을 머금은 하늘엔
무지개다리로 오른 꽃이
먼 하늘 길 큰 별로 걷고

그때 강가에 줄 지어선 물새들 가슴엔
눈물이 폭포로 분사 된다

아린 피에 젖은 눈물
작은 별에는 들불처럼 번진다

저물지 않는 수주의 강물이
봇물 되어 소용돌이친다

※수주-변영노님의 논개 시

풀꽃 입은 외도

뭍을 떠난 쾌속선
나는 듯 날리는 듯
푸른 섬에 휘파람으로 닿았습니다

괭이갈매기 떼
작은 어선 따라 다투어 날고
돌고래 어린 무리들이
숨바꼭질 하듯 부딪치는 뱃전
유람선이 일으키는 포말
수평선에 맞닿았습니다

유람선 확성기 유행가를 타고
보타니아에 오른
부산 갈매기들은
가르마 길 작은 봉우리를 오른
갯바람 향은 짭쪼롬 비릿해요

뭍에 붙어살던 찌든 발 뿌리들
해초 짙은 향은 발가락 사이로 파고 듭니다

남쪽에서 온 풀꽃 이름들
듣자 말자 잊어버린
진한 원색을 입었네요

키 높은 메타쉐콰이어
거센 풍랑風浪 보듬고
조각된 향나무들은 파도를 잠재우는
어머니입니다

손삼현/ 경남 밀양 출생. 그림나무 회원
ranc1004@hanmail.net

정 정 순

꽃별 외 2 편

하늘 꽃밭에 자주 간다.
늪에 빠진 별에 숨어
소곤거리는 소리 들으면
힘을 전해주는 향기

그래 보고 싶었어
검은 커텐을 젖힌다
메시지가 가슴에 들어와
종일 붉은 꽃이 핀다

초승달이 지나가다 꽃밭에 숨어든다
별과 손잡고 춤추며
온누리에 씨 뿌린다

아침 대문 찰에
별꽃이 환하게 피어 있다.

홍합

홍수상태를 자각하며
해안을 찾는다
밀물과 썰물 사이에 앉자
물결이여 오라 소리치며
집을 지킨다.

너를 보면 나는
큰 파도에도 안도하지
갯바위에서 떨어지지 않겠다고
온 몸으로 힘쓰는 너를 보며

함께 울고 웃고 했던
쉼없이 걸어온 바다
누가 뭐래도 버릴 수 없다
다시 달려가보자
바다는 나의 운동장이니까

빈 터

거제3동 600번지
갈피를 잡지 못하고 흔들릴 때
고춧가루를 삼켰고
소금을 뿌렸다
함께 가자고

47년의 무게를 던져버리고
맘껏 공기를 마셔라
맘껏 물을 먹어라
온 몸으로 햇살을 받아라
고마워 고마워
은행나무가지 그늘 밟을 땐
나를 세워주었지
이젠 젖지 않고 하늘을 보아라

정정순/ 그림나무 회원

박 윤 자

간이역 외 2 편

동쪽에서 와서 서쪽으로
아니면 남에서 와서 북으로 갈 건가
역사에 비워진 의자엔 짐 하나 없네
헝크러진 머리카락 울림에
졸던 시계가 잠깐 고개 들다가 다시 숙인다

순이네, 구포댁, 창수할머니…
갇혀버린 새색시 일기장
이별이라는 글자가 왜 박혀있나
혼자 받은 밥상에서 눈물이 춤을 춘다
저자에 뒹구는 낙엽이 더 부럽다
북적대던 그 시절은 어디에도 없다

찾는 이 하나 없는 매표소에 눈흘기고
젖은 나목 팔 뻗어 응시하는 꼭짓점
길게 지나쳐기는 큰 기차
기적소리 한번 정겹게 들리네

혀의 비밀

송곳니에서 튀는 말이 춤이다.
벼랑 끝에 몰릴 독사는 독을 비밀번호로 푼다
날마다 피우는 독향에 혀는 말릴 손이 없다
주워담지 못하는 수많은 어깨춤사위

분분하는 벚꽃 잎들 화살에 피 흘린다.
그림자에 발목 잡혀 나갈 수 없는 방패
검붉은 가슴만 쥐어짠다.

연륜이 담긴 소프라노가수
흰 머리카락 눈이 시리다
맑은 동굴에 독을 풀어서
목울대 밀어 올린다

혀끝 오르내리며 '밤의 여왕 아리아'
너끈하게 쳐낸다
독이 춤이 되는 너를 사모한다

자작나무숲

새해 첫날 아침 빛 부시다
은빛 시린 숲속으로 뻗은 길
발바닥이 수줍어 머뭇댄다
북서쪽 눈보라 받아 마시고
팔 벌린 가지마다
별눈 촘촘히 담아 안은 나목들

허기진 젊은 기둥
지친 심장 안고 찾아 든다
웅크린 어깨 열고 심호흡하는 숲실
눈이 번쩍 뜨일 노래가 감돈다
음미하며 고개들고 하늘 보라
얼굴 간지르는 미소 피하지 마라

나무도 안아 보고
가슴도 쓸어 보라
눈별 한 움큼 입에 물면
새하얀 나무줄기 전율이 정수리에 전해온다.

가닥가닥 뒤엉킨 머릿속이
꽃불로 피어나리라

박윤자/ 〈그림나무〉 회원

민 정 원

새가 되다 외 2 편

하늘은 비밀문을 연다
눈부신 원으로 떠있는 무지개
설레며 바라보던 반쪽 무지개는 버렸다
구름 밖 세상
별빛만이 길이다
때론 불빛 소나기 쏟아내는 유성
우주의 숨결은 고요한 강이다

하늘은 자유다
밤으로 가는 비행
바람이 날개다
지상의 안개 폭우 눈보라 넘어
수천 킬로를 난다 갈증도 잊고
도시의 악취 사막의 모래바람 바다의 폭풍도
하늘 품속에 잠든다

나는 이유를 묻는다
날개 있음을 잊고 사는 동안
숨죽인 땅은 죽어감을 알지 못한다

소리쳐 본다
날지 않는 날개는 짐이 된다는 것을
지상과 하늘의 노래가 다름을
그리고 비상의 기쁨을.

도시의 가을 아침

잠이 덜 깬 하늘
회색의 커튼 뒤로 숨는다
부지런한 바람결에 깨어나는 거리
흐린 안개 속 숨 가쁜 굉음들이 뒤엉킨다
칠을 잊은 분주한 마음들 빌딩안으로 구겨들어간 뒤
남겨진 가전기들도 잠잠해졌다
직박구리 한 마리 기웃거리다 가고
잠깬 하늘이 높아져 갈 때쯤
푸른 햇살은 숨을 고른다
커피 한 잔
'그리그의 아침*' 이 창가에 흐르고
세상은 숨쉬기가 편하다
창밖 아래 가로수길
끝없이 달아오르던 긴 여름 이겨낸 은행나무
손을 펴 선선한 바람 맞아주고
가을은 노란 은행잎에 앉아 흔들거리고 있다.

*에드 바르드 그리그: 노르웨이 작곡가, 피아니스트. 대표곡 〈페르귄트〉 페르귄트는 온 세상을 방황하다 돌아와 일생동안 기다리던 연인 솔베이지의 품에서 죽음을 맞는다. 페르귄트모음곡 중 '솔베이지 노래' 와 '아침' 이 유명하다

기도

멈추고,
비우고,
귀 기울이기

풀벌레 날아다니고
직박구리 노래하고
나뭇잎 흔드는 바람소리
숲 어딘가 흐르는 개울물소리

아픔 숨기는 너의 신음소리
노을빛 속 뒤돌아보는 하루의 허물
별과 별 사이 우주의 숨소리

기도는
그렇게 듣는 것

민정원/ 〈그림나무〉 회원.

이 남 훈

민들레 마을 외 2편

먼 길 달려온 홀씨
천마산이 일러준
눈 맑은 언덕에 자리를 잡았다

키 낮은 꽃들이 모여 사는 산동네
별을 볼 수 있다는 148계단엔
가파른 얼굴들이 숨 가쁘게 오르고
구부러진 골목마다 들어앉은
햇살과 바람을 먹고 민들레가 자란다

달을 끌어와 기둥에 꽂아놓은 듯
영롱한 가로등 불빛이
미로 같은 골목에 내리는 밤이면
담벼락에 쏟아진 달빛도 그림이 되는 마을

그 마을에는
허리 굽은 민들레 몇 송이
그늘진 옹벽아래 모여 앉아
질긴 시간의 그림자를 씻는
감천甘川이 있다

줄

김씨가 줄에 매달려있다
아파트 외벽에 거미처럼 붙어있다
줄을 잡고 싶었지만
줄 댈 곳이 없어
공중에 걸린 아슬한 줄을 붙들고 있다
그는 서녘하늘을 끌어와
노을 색을 입히는 중이다

체육공원에서 암벽등반이 한창이다
허리에 줄을 맨 클라이머들이
인공암벽을 오른다
공중에 떠 있는 모습은 같지만
질감이 서로 다른 줄

줄이 끊어졌다
허공에 걸린 줄을 놓친 김씨는
더 이상 벽을 탈 수 없었지만
암벽등반 신호는 다시 울렸다

몰운대의 별

장군의 별* 이야기를 들은 적 있다

몰운대 토박이 재갈매기가 들려준
물결에 실려 온 푸른 별이
모래밭에 풀어 놓은 영웅담
화손대 돌아 나온 샛바람 타고
포구에 물안개로 퍼졌다
언덕배기 어디쯤 들어 선 비각이
별빛의 발원지였다
해무 깔린 바위능선이
별을 보고 싶은 발끝을 끌어당긴다

'통제구역'

철책 옆 노송을 부축한 후박나무
후덕한 웃음으로 담을 허물자 손 내밀지만
풍문을 따라 온 도요새 울음만
울타리를 넘는다

귀를 접은 노을이
서쪽 하늘을 물들인다

푸른 별 하나가 떴다

*몰운대 언덕 끝자락에 부산포해전에서 순절한 정운 장군의 순의비가 있다

이남훈/ 부산 출생. 부산시 공무원 재직.
namhoon68@hanmail.net

이 리 안

여행 오신 매미를 보다

한 밤 중 잠결
자지러지는 고음에 소리를 찾아가다
건넌방 바닥에서 비명을 지르며 뱅뱅 도는 매미
전기 스위치를 누를 틈도 없이
수건으로 감싸 방충망을 여니 작게 소리내며 날아간다

날이 훤해지고 자리에서 매미 허물을 보았다
튀어나온 두 눈
텅 빈 몸 속 양 옆구리에 붙은 탯줄같은 하얀 실줄기
땅속에서 가봉해 준 재단사는 누구지?
뭐라고?
세상 뜰 때는 흔적이 남는다고?

책상 위 하얀 아사천 위에 놓인 매미 부조
마음 속에 향을 피우고
떡과 과일과 술을 올려야하나?
알맹이에게

버려진 금전수

누가 버렸을까
늦은 봄 아파트 재활용 분리 수거대 옆 소나무 아래
엎어진 화분에서 빠져 나온 돈나무 신음하며 누워있다
줄기에 붙은 잎사귀는 누우런 점이 생겼고 둥근 뿌리는 썩고 있다
돈이 들어오라고 소원한 나무, 거꾸로 나가게 했나?

집에 모시고 와 점은 손톱으로 긁어내고 뿌리는 햇볕에 말린다
가시지 않는 점을 소다수로 씻어주고 화분에 심는다
바람 서늘한 부엌 베란다 반그늘에 집터를 잡아준다
보름달이 몇 번 뜨고 지는 사이 갈색 움이 새로 나왔다
세 개 가지에는 양 갈래 머리를 딴 초록 잎이 가지런하다

식탁에서 커피를 마시며
창 너머 보이는 나무
살아있어 하늘로 하늘로 올라가고 싶다고 말한다

아침님

창문을 두드리는 까치울음 소리
낙엽을 쓸어 모으는 경비원 대빗자루 소리
학교 가는 남학생들의 조잘거림
가방을 메고 지하철 정거장으로 뛰는 직장인
라디오 크게 틀고 자전거로 달리는 할아버지
밤새 열이 올랐다 내렸다 이불 속에서 신음한 환자
핏기도는 얼굴을 햇살과 함께 내리소서
아침님이여

이리안/ 〈그린나무〉 회원
leesu2424@naver.com

신 진 련

소금꽃 여자 외 2 편

바다를 입고 살았습니다
종일 아가미를 떼느라 휘어진
손가락 마디에는
따개비 같은 상처가 굳은살로 박혀있습니다
몸에 달라붙은 생선비늘만큼이라도
반짝일 수 있다면 얼마나 좋을까요
속옷을 벗고 비린 몸을 문지르면
손가락 사이로 포말이 일었습니다
씻어도 씻어도 바다를 지울 수는 없었습니다
벗어둔 속옷에도 짠바람이 스며들었는지
바다가 고스란히 남아있었습니다
물기가 빠진 하얀 얼룩을
꽃이라 불러도 될까요
꽃을 피우는 하루를 살았으니
오늘은 낮은 파도를 베고 잘 수 있을까요
젖은 몸 다 마르면
울퉁불퉁한 손가락 마디에도
꽃이 피면 좋겠습니다
잠든 아이 챙기듯
속옷에 핀 하얀 꽃을 쓰다듬었습니다

흉터

빗장 닫힌 아랫배는 門이었다
찬바람 불면
첫딸의 흔적에서
봉합되지 못한 어머니의 음성이 삐걱거렸다
돈 들여 배를 쨌는데 겨우 딸이냐
여자가 여자를 낳은 자리는 왜 이리 아물지 않는지
딸아이가 품에 안길 때마다
닳아버린 나무 대문을 빠져나가는 바람처럼
감추고 살아온 문틈에서 시린 소리가 났다
슬그머니 아랫배를 쓸어본다
울퉁불퉁 문턱만 남아 있는
아이가 나온 자리
손바닥으로
오래전 첫 울음소리를 가만가만 읽는다
아들을 낳고서야 용서받은
한때 門이었던
자국

문어

해무를 가르는 뱃고동이
파도와 겨룰 어선이 펼친 자갈치에
엮여온 거친 파도가 산다

어물전 민머리 아저씨는
가출을 자주 한다
몰래 한 발을 문지방에 걸쳤다가
슬쩍 일곱 개 발을 넘어서서
젖은 길을 빠져 나간다
흥정에 한 눈 팔던 안주인에게 걸려
목덜미 잡혀 사정없이 끌려오지만
꿈꾸는 가출은 접어 두지 못한다
흐느적이던 몸을 세워 다시
탈출을 꿈꾸는 아저씨
용케 눈을 피해 밖을 나서도
곁 눈길에 이내 들키고 만다
빨간 고무장갑 손에 다시 붙들렸을 때
바닥에 빨판을 깊게 박은 뒤
끌려가지 않으려고 온몸으로 버팅기다

파란 바가지로 여지없이 머리통을 응징 당한 뒤에야
붉게 멍 든 대머리를 싸잡고 다리를 푼다
끝없는 도피를 꿈꾸는 민머리 아저씨
그물망 고무통에 갇혀 떠나지 못하고
자갈치 바닥이 바다다

신진련/부산 출생. 사갈치에서 일함, 2014년 〈차 어울림문화제〉 차시 공모전 대상, 2015 〈문향〉 시공모전 장원, 2015 해양수산부 주최 해양문학상 금상, 2016 김장생문학상 금상, 2016년 근로자문학상 은상.
chdk82@hanmail.net

정 한 지

형 외 2 편

장터국밥에 소 혀가 들어있다
채식주의자가 유순하듯
풀만 먹었다는 혀는 부드러웠다
식은 국물 속에서 걸어나온 말
이 혀도 형처럼 더듬거렸을까

형은 말더듬이었다
세상 쓴맛 단맛 혀뿌리에 가두고
짧은 말 몇 마디 더듬더듬 내보냈다
놀림이나 욕지기 함부로 되돌리지 않고
밖으로 보낼 말의 가시 혓바닥에 가둬두려
입술 오물거리던 형
각지고 거친 말들 입 안에서 오래 머금어
모난 곳 없이 둥들게 굴렸다
집으로 돌아오는 길엔
하늘 당겨 별을 머금기도 했을까
별빛 녹아든 혀는 더 따뜻했을까

세상 화근 혀뿌리에 있지

남의 가슴에 칼금 긋지말라 당부하신 아버지 말씀
거친 혀에 새기고 있을 고향집 민수형
'겨 겨 경수야. 히 히 힘들지?'
가시없이 건너오는 말이 그리운 저녁
십년지기 K에게 모진 말 뱉은 입술 씻으며
남은 국물 마시고 혀는 남기고 간다

엄마밥

密陽식당 가정식 백반을 사 먹으며
햇살 닮은 밝은 밥을 생각한다
빈 속 채웠던 밥상 따라가면
옥상에 노을 펼친 파란 대문이 있다
잠든 적 없이 문 열어주던 엄마
처진 어깨 말없는 눈길 보내면
더운 김 올라오는 둥근 밥 지어주었다
된장찌개 곁들인 희고 따뜻한 밥에
빽빽하게 숨긴 피톨같은 묵언들
"괜찮다. 괜찮다"
출렁이던 빈속을 틈없이 채워
낡고 헤진 심장 조용히 꿰매주었다

지상에서 가장 비밀스런 밥상으로
어느 새 단잠 든 꿈결
나는 아침 구름으로 부풀어 둥글어졌다

못

갤러리 중앙
100호 사이즈 풍경화가 걸려있다

햇살이 어루만지는 지붕아래
바람으로 자란 해바라기가 골목 쪽으로 목을 늘이고
창밖으로 식구들 이야기가 새어나올 것 같은 유화 한 점
철사 줄에 목이 감긴 대못 하나가 어깨를 내 주고 있다

지붕 받치고 있는 아버지 어깨가 생각나는 한낮
못에 찔린 듯 느닷없이 번지는 통증
가슴에 박혀 울음으로 번진다

아버지는 한 자세로 늙어가는 못이다
휘어지고 끊어져 돌아가지 못하는 길이다

밝은 조명 아래 눈부신 저 풍경들
어느 못 박힌 손바닥이 걸어두고 갔을까
벨라스케스 유채 속
'십자가에 못 박힌 예수'

닮은 아버지 生
단단한 벽에 뽑히지 않는 가시못으로 남아
흔들리지 않는 버팀목이 되었다

풍경화 뒤편 오래된 못 하나
내 뿌리로 일어선다

정지윤/2015 진주 개천예술제 백일장 시 장원. 2015 요산백일장 시 장원. 김유정 기억하기 문예작품 최우수. 2016 육사백일장 시 장원
moon1130@dreamwiz.com

김 원 용

아침햇살 외 2 편

여기,
아침햇살은 어디로부터 오냐고
동쪽 마음에서
붉게 타오르고 있잖아

타는 빛,
그대 생각은 어디로부터 오냐고
아하,
내 마음 속으로부터 오잖아

저기,
낙엽은 붉은 비 되어 흩날리고
그대 가슴은
석양노을보다 빨갛게 물들고 있잖아

어둠속 사랑

숨 멈춘 시간에도
움켜쥐고 놓을 줄 모르는
운석隕石
어쩌면
별빛 속에서도 버리지 못하겠지

내 안에서만 숨 쉬며
꺼내놓지 못하는
지울 수 없는 견고한 모습
눈물꽃송이는
어둠속에서 더욱 짙게만 피는데

한 평반

벌초를 끝낸 부산시립공원묘지
구름이 낮게 깔려있다
눈망울에 매달린 이슬과 젖은 잔디
죽살이 손짓하는 길은
늘 같은 모습이다
산자락에는 아버지
납골당에는 어머니
죽어서도 함께하지 못한
한 평반의 차이
영혼이 가질 수 있는
두 영혼을 위한 안식처는
한가위 보름달 속에 머문다

김원용金元鏞/2009《文藝春秋》등단, 한국문협, 부산문협, 부산가톨릭문협회원, 부산시인협회부회장, 금정문협부회장, 시집: 『내 마음의 홍등』 2016 부산시인협회 우수상 수상.
kwyground@hanmail>net

김 주 현

아라가야 홍련紅蓮 외 4 편

홍련紅蓮
내리는 비를 맞으며
천년을 아름다움으로 웃고 있다

원화源花를 사랑한 풍월주
물속 깊이 속마음 숨기고
한限은 또다시 눈물 되어
나풀 나풀 눈송이로 내린다

안압지의 꽃잎들은
평생을 팔랑거리던
먼 옛날 아라가야의
햇살을 기억 할까

진흙 속에 누워
수 천년을 견딘 연자蓮子
붉은 동백보다 더 진한 꽃으로
피었다고 말하리

살아야 하는 날들

정수리 녹이는 햇살이
나를 질식케 하고
온갖 네온사인이 몸을
휘감아 돈다

무너지는 마음을
한 올 한 올 빛으로 뽑아서
비단을 짠다

작은 어깨 팔랑이며
억지웃음 눈망울에 담고
지친 어휘들을 날리는 하루
그래도 살아내야 하는
거친 하루를 걷는다

벼랑 끝에 매달린 하얗게 빈 머리
쉼터를 붙잡으려
푸른 멍이 들 때까지
수심 깊이 감춘다.

꽃상여

꿈 하나 가마에 싣고
이승의 마지막 연결고리로
안개비 자욱히 스며드는 길

고향동네 초입
산속 고요에 가려진 채
단아하고 초연한 모습으로
꽃상여가 말없이 서 있다

마지막 육신을 담을 그 무게만큼
울 엄마
꽃 피는 길섶에 눕히고
다하지 못한 노래
바람이 청솔가지 흔들고 지나가면

어이여 어이 어이여 어이

상두꾼 선소리 산길을 메우고
한 줄금 풀도 빗물에 잠겨

엄마인 양 자꾸 내 앞에 떠오르네

눈물 맺힌 내 가슴
잔설 묻힌 뜨락 구석까지
산 빛깔도 지워 버렸다.

치유治癒

귓볼 시린 빗속을 뚫고
기별도 없이 찾아온 기쁨이
동그랗게 몸을 말고
유리창을 타고 흐른다

미망迷妄속에서 길을 잃어
비어버린 손안에
은빛 구슬이 하나씩 모인다

들불에 데여 쓰린 발등 위로
따스한 바람이 지나가고
쓰러져 울던 꽃잎은 다시 일어나
등불을 켠다

어제와 결별한 곳에서
이젠
내가 웃으며 서있다.

기다리는 마음

발끝으로 걸어가는 수선화와
구름을 노래하는 종달새는
머뭇거리는 봄빛을 불러
연초록 색실로 수줍게 다가와서
귀엣말로 속삭인다.

속살 젖은 흙 내음
서투른 뿌리에 섞이면서
연 풀물이 가슴에 들어와
하늘빛으로 물드는구나.

벚꽃나무 비늘 날리는 동산에
복사꽃잎 같은 수줍은 마음
언젠가는
사랑으로 물들이겠지

시작노트

감동을 주는 시

성당에서 장례미사 마치고 억수같이 퍼붇는 비 속을 뚫고 충청도 옥산에 있는 선산을 향하여 달렸다.

고향 동네 입구에 안개비 자욱하게 내리는 선산을 뒤로하고 엄마를 태우고 먼곳으로 갈 꽃상여가 단아하게 앉았는데 그 모습이 슬프고도, 아픈 아름다움에

울면서도 詩心이 생겨 단번에 써내린 꽃상여,

살면서 이런저런 마음의 상처를 받지만 "이 또한 모두 지나 가리" 란 솔로몬왕의 명언처럼 시간이 지나면 치유되는 마음을 詩로 표현한 치유 등…

나의 詩가 슬프다는 말들이 듣기 싫어 3년간 절필 후 지인의 권유로 시창작 공부를 다시 시작하고 그림나무 회원들과 함께 문학지에 동참하게 된것을 기쁘게 생각하며, 아름답고 감동을 주는 詩를 쓰기를 열망합니다.

김주현/ 경남 진영출생. 2011년 《문학예술》 신인상 등단. 부산문인협회, 부산시인협회 회원, 시낭송가. 글길문학회. 그림나무 회원. 현재 김주현 한복 대표

김 순 여

지금 이대로 외 4 편

곱디 고운 노을빛은
찬연한 발자국을 남기며
서산에 걸터 앉아 있다

지나버린 슬픔은
어둠 속에 감추어 두고
다시금 되돌아보지 않으련다

모진 비바람이 씻어버린 순간들
고독과 외로움도 다 내려놓고
지금 이대로
길을 걷고 싶다

해가 자취를 감추기 전
써야할 노트를 열어
하나씩 또 하나씩
행복을 그리고 싶다

등불

텅 빈 공간에
잃어버린 내 모습
바람 빠진 풍선처럼
흐느적거리며 누워 있습니다

밀려 갔다
다시 돌아 오는
고독한 파도

내 손은 차가워 뻗을 수가 없지만
따스한 온기를 기다리는 마음은
아직 살아 있어
영원한 세계로 발걸음을 향합니다

쓰라린 못 자국을 보이시는
변치 않는 님이시여
내 손으로 당신 손을 잡을 수 있게
허락하소서

입가에 가득한 미소로
나를 반기실 당신
이제 따스한 온기로
나를 받아 주소서
언제나 든든한 님이시여
두 손 가슴에 모아
당신께 조용히 머리를 조아리며
가슴에 등불을 켭니다

상처

가슴 속
아직도 사라지지 않는 노래
봄 꽃을 흔들고
따스한 햇볕에 마음조차 노곤하다

바람처럼 날아가는
삶의 속도가 빠르게
나를 휘감아
노을진 강가에 데려온다

화사한 꽃들은 정원에서 피어나
뜨락을 메우지만
나는 웃음 잃은 새가 되어
이제 흘릴 눈물조차 말랐다

별빛으로 물들어 버린 이 밤
아픈 상처조차 치유할 길 없어
바람과 함께 신음하고 있다

가을 구름을 보며

하늘은 파란색을 숨겨 둔 금고
가슴에 묻어 둔 그림들이
뭉게구름으로 눈 앞에 다가온다
무거운 두 다리 풀섶에 내려놓고
눈을 감으면
엮어놓은 작품들이
한 겹씩 내 가슴에 안기어
잊혀져 간 기억들이 새롭다
환하게 되살아난 한 폭의 그림
아린 마음 밭에
여운으로 남겨졌다

혼자인 것을

젊은 슬하에 아이를 키우던 때
가슴에 간직한 노래 부르면
나비떼는 다가와 춤 추었다

귀여운 새들이 내 품에 맴돌던 때가 그립다
밥물 넘치던 맥박을 따라
정신없이 뛰어 오던 발걸음

잠시 창가에 앉아 찻잔을 든다
서늘한 바람이 소매 사이를
비집고 들어 오는데

아름다운 기억들은 안개 속에 사라진다
발 밑에 쌓이는 나뭇잎 보며
이제야 혼자 앉아 있는 모습을 본다
날 사랑하던 아이들은 곁을 떠나고
빈 책상 앞에서 갈 길을 물었다

시작노트/김순여

경지에 다다를 때까지

신선한 새벽이슬처럼 영롱한 마음으로 백지에 그림을 그리지만 때론 목마른 갈증을 느낄 때는 하늘을 본다. 삶의 굴곡진 상처를 뒤돌아보며 어느덧 동반자가 된 시 작업, 지친 일상의 굴레에서 잠시나마 벗어나서 마음에 차곡히 모아진 걸 시로써 표현할 때 구슬처럼 엮어지는 기쁨은 참으로 보람과 예술의 경지까지 다다르는 행복감을 맛봅니다. 나의 후반기 삶을 윤택하게 하는 책상에 낮을 때 우울증도 날려 보내고 작은 꽃잎 하나 눈 앞에서 미소 지을 때 보람을 느낍니다.

부족한 글이지만 어디선가 어느 독자에게 읽혀진다면 작가의 마음을 헤아려 준다면 큰 보람이며 감사할 뿐입니다.

김순여/ 2011년 《문예시대》 등단. 부산문인협회 회원, 부산시인협회 이사. 시집으로 『외딴 섬』

정 명 지

마수걸이 외 4 편

남부시장 버스 정류장 옆
허리 굽은 노파
주섬주섬
지나 온 가을을 펼쳐 놓는다

찐쌀 좁쌀
백태 서리태 차조
낡은 유모차 짐칸은
할머니의 숨겨진 곳간이다

"마수다
 마이 주께"

한겨울 칼바람 속에
이른 장이 섰다
무심히 짐 보따리 세어 보던
두 눈이 마주쳤다

마수데이

노사합의

세탁기 돌리고 그릇 헹궈 건지고 청소기 돌리고 걸레 밟아 돌리고 시계가 돌아가니 마음도 따라서 소용돌이 맴을 돈다 분바르고마스카라아이새도립스틱입술위아래로슬쩍문지르고 머리 손질 옷매무새 확인하며 향수 잊지 않고 살짝 뿌려 은은하게.

후다닥엘리베이터타고내려기니실비가내린다

심장은 되돌아와 우산 잡는 손에게 여유를 당부하고

뿌리치는 발은 마음이 벌써 정류장에서 버스를 탄다

버스는 떠났다

상심한 다리는 시간이 궁금한데 바른손이 말을 듣지 않는다 잡아도 잡아도 주머니 밖으로 나오지 않는 무심한 손전화기 상심한발은목적지를잃었고다른손이꺼내어패턴을그린다

허나,

잔뜩 부아가 난 목소리는 말문을 닫고 비스듬히 빗장 걸어 잠근다

뇌졸중으로 단단히 무장한 반란이며 농성이다

배후조종, 심장
주동자, 뇌혈관으로 가서 길 막은 실낱 혈전
요구사항, 휴가

노사합의는 양측 양보하여 일주일 휴가로 타결점을 찾았다

아름다운 이별

찬비 속을 멋모르고 달렸을 뿐인데
어떻게 내가 네 눈에 들었을까
단박에 네게 빠질 거라는 확신이 들었니
그 많은 사람 중에 어떻게 나를 알아보고
내게 그 엄청난 고백을 했었니

아침에 일어나면 너에게 먼저 안부를 묻는다
잘 잤어요?
불편한 곳은 없었어요?
오늘은 이런저런 계획을 하고 있는데 당신 생각은 어때요?
내가 그 일을 해도 괜찮을까요?
당신이 싫다면 안 할 거예요.

세상 어디에도 나는 없고 너만 있을 뿐
네 사랑이 이젠 내 사랑이 되었구나
언제부터인가 모든 중심에 너만 있고 내가 없다는 걸 알았을 때,

무섭게 변한 너의 존재에 억눌려 어쩌지 못하는 내가 밉고
서러워 눈물짓는 두려움이 측은해서
떠는 어깨 감싸 안고 술 한 잔 쥐어줬다

눈물짓게 하는 사랑은 더 이상 사랑이 아니다
위협하는 사랑도 이젠 사랑이 아니다
멋진 발길질로 걷어차고 싶은데
그대 뇌경색,
아름답게 조용히 이별해요 우리.

매듭짓지 못하다

아버지가 보내주신 빨간 장미 한다발
들고 오면 달라는 사람이 많아
배달 시켰다며 너털웃음이다
꽃송이 크고 이뻐 품은 향기 맡으려는데
“꽃은 그만 보고 밥상이나 차려라”
눈길이 자꾸 꽃으로 가는 걸 참지 못하다
그만 잠에서 깼다

찌개 속에 닮아 있는 엄마 손맛 칭찬하며
먼저 간 엄마도 옆에 앉혀 놓은 듯 불러 내던 아버지
한 번은 꼭 집에 모셔 갓 지은 따순 밥상으로
효도 한 번 해보리라 다짐하지만
내 집 아니면 잠도 자지 못한다는 시어머니를
우리 아버지 따뜻한 밥상 대접해 드리게
딱 하루만 모셔 줄 수 없겠냐고
동서에게 혹은 시누이에게 부탁 하고 싶은 말이
목에 걸려 입 밖으로 나오지 못했다

시집 간 딸이 차려주는 밥상 기다리다

그만 지쳐 먼 길 가신 아버지는
그 밥상이 궁금해 꿈결에 찾아왔는데
꽃에 반한 어린 딸, 밥상도 못 차렸다

시작노트/정명지

가을 아침의 동행

지하철 안에서 두 손을 꼬옥 잡고 앉아 있는 노부부.

꽃무늬 스카프를 매고 꽃을 단 모자를 쓰고 부부가 함께 찍은 사진을 뺏지로 만들어 한 쪽 가슴에 달고 있는 할머니, 핏기 마른 얼굴에 초점 잃은 눈에서는 알츠하이머 마저도 평온하고 아름답다.

온천장역에서 내릴 때도 손을 꼭 잡은 채로 앞서 가는 남편을 쫄래쫄래 따라가는 할머니, 어쩌면, 세월을 건너 온 소년과 소녀가 두 손을 꼬옥 잡고 내 앞을 휘익 지나가고 있는지도

정명지/시인, 시낭송가.
sotoajimae@daum.net

서 랑 화

오래된 집

웅크린 먼지들이 산란을 하고
숫자에 갇힌 차가운 적막은
문지방 넘어 안방까지
빠르게 포진하고 있다

여유롭게 템포를 유지하는
긴 시계추만 주인을 기다리고
테엽을 감아놓은 오르곤도
천연스레 졸고 있는 집

모질게 질러대는 전화벨이
어둠을 입은 그림자를 몰고
안방으로 안주한 냉기를
분주히 깨우고 있다

어느새 창문 틈을 헤집고
속살로 파고드는 햇살
늘어진 먼지들이 주인인양,
서투른 기지개를 펴고 있다

가을 아침

구름에 풀어 놓은 먹물 한 자락이
아침 뜨락에서
지난 밤 기억을 줍는다

선명하게 다가서는 발자취
서늘한 이슬 칠빙칠방 털며
문지방을 성큼 넘어오시던
아버지 시원한 웃음소리가 있다

그런 날이면
바람개비 사탕이 축포를 터뜨렸고
옥수수 행렬처럼 늘어 선 고사리 손에는
아버지 가슴이 품어온 사탕만큼
상큼한 얼굴이 뛰어 놀았다
나뭇잎이 거꾸로 읽혀지는 아침
덩그러니 혼자 앉은 창가에서
해맑은 유년이 웃음을 날리고 있다

별을 보며

등 뒤 몰려오는 어둠 아래
나팔꽃 행렬이 숨죽인 오르막에는
반짝이는 소문들이 길을 탐하고 있다

다 오르면 뚝 떨어질 것 같은
절벽 길을 오르다
눈 마주치는 별에게
느닷없이 고해성사를 한다

그런 날은,
가슴 징하게 떠도는 말 들을
별자리만큼 출렁이게 쏟아내고도
후련하게 가슴이 차오르지 않아
끓어오르는 눈물을 게워냈다

무심히 침묵하는 말들에게
오랫동안 외면당한 시간이
늙은 흑백 추억 한 장
그려주었다

가을 볕 시린 들길에
돌아서지 못한 말들이 죽고
눈시울 붉힌 첫사랑 혼자
눈을 감고 먼 길 떠나고 있다

황혼 애가

혈관을 타고 산란하던 기억이
갈증에 떠밀려 백년을 표류하고
분주히 내뱉는 강물 같은 독백이
봄빛 속에서 절규하며
수 천 마리 나비로 날아 오른다

언덕 넘어 지쳐온 스산한 날 들
바람은 마른기침을 쿨럭이고 있다
시들지 않고 간직해온 상처속에
나비는 굳은 몸을 비틀어
빛을 향해 날고 있다

군홧발에 짓밟힌 관절은
외마디 비명도 남기지 못하게 하고
강요된 침묵을 끌어안고
전설 속으로 화석이 되어 간다

파꽃으로 피어 난 초경은
붉은 울음 가슴에 품고

잃어버린 유년과 대치하며
지나온 강가에 앉아
아린 기억으로 서성대고 있다

주남저수지

녹색융단을 딛고 가을이 오고 있다
가슴을 닫고 날아오르는 철새들도
주남저수지 낮은 물 언덕을 넘어 간다

갈대 언덕 아래 철새들의 물질로
빠르게 파문 지는 물 언덕은
끊임없이 움직이는 우주의 혼돈
저물 녘 바쁜 해거름을 닮았다

비오는 날이면 저수지는
빗방울이 쉬어가라고
곰보 자국을 마루에 앉히며
뼈 속까지 품어 안았다

연밥을 먹고 비상하는 흑두루미처럼
물달개비 같은 작은 바램도
날개를 펴고 날아오르는 언덕

가시연잎 위에서 은빛으로 빛나며

몸 궁글리는 물방울처럼
질척대는 발자국들 쉬어가라고
낮은 의자 하나 내어주었다

시작노트/서랑화

나 만의 멋진 풍경화를...

아직도 나는 꿈을 꾼다

학창시절 다 풀지 못한 시험지를 들고 종료 종이 울리던 그 초초함에 소스라치게 놀라 동동거렸던 모습을…

지금도 여전히 그 때의 나처럼 동동거리는 일상이지만 시를 어떻게 쓸 것인가를 늘 고민하라시던 선생님의 말씀처럼 떠오르지 않는 시어를 찾느라 끙끙거림에서 벗어나지 못한다

언제쯤, 호전반응 끝을 보게 될까?

오랫동안 낭송으로 뒹굴며 놀았던 시어들이 나의 것인양 믿었던 아니, 믿고 싶었던 어리석음을 이제는 온전히 나만의 것인 멋진 풍경화를 그릴 수 있다는 희망으로 서두르지 않고 천천히 즐겨야겠다.

서랑화/ 2015년 《부산시인》 등단. 부산시낭송협회 회장. 롯데 문화센터 광복점, 동래점 시낭송 강사. 영광도서 영광문화예술원 시낭송 강사. 유명 문학제 및 전국 시낭송대회 심사위원

편집후기/편집위원

지난여름 폭염의 기억이 아직도 생생한데 새벽서리 내린 남새밭 푸성귀처럼 벌써 몸도 마음도 스산하다. 매주 회원들의 작품을 만나는 기쁨 속에 간간히 시집 출판 소식, 각종 공모전이나 백일장 수상 소식이 끊이지 않아 참으로 자랑스러웠다.
또 한 권의 그림나무 시 결실을 기대하며… (최선)

한 편의 시가 완성되기까지 수많은 고통을 경비로 지불합니다. 아팠던 숱한 시간들이 모여 한 권의 시집으로 탄생합니다. 이런 영광스런 자리에 함께 할 수 있어 행복합니다. (남훈)

아이를 보면 뒤뚱거리다 넘어지고 손바닥을 짚고 다시 일어서곤 합니다. 제대로 된 발걸음을 떼어 놓기까지는 어설픈 동작이 반복 되다가 결국 한 걸음 한 걸음 앞으로 나가는 걸 봅니다. 그림나무 3집 교정 작업을 끝내면서 이제 세돌 지난 아이가 꽃길을 의연하게 걸어가는 모습을 떠올립니다. (정이)

그림나무 3집에도 편집위원으로 참여할 수 있어서 행복했습니다. 한 편 한 편 소중한 작품을 읽으면서 회원으로서 자부심도 느꼈습니다. 기한 어기지 않고 원고를 제출해 주신 회원님께 감사 드립니다. 벌써 4집을 기다리는 마음입니다.(진련)

그림나무 회원 동정

차달숙/2016. 1.5 시조집 〈두리기둥〉 상재

이만장/2016. 4.23 시집 〈들판을 걷다〉 상재

노장현/2016. 5. 10 시집 〈아직 길은 손바닥에 있다〉 상재

강영환/ 2016. 6 시집 〈출렁이는 상처〉 상재

장진구/2016. 10 〈모던포엠〉으로 등단

신진련/2016. 9 김장생문학상 금상.
2016. 10 근로자문학상 은상.
2016. 8 한국해양문학상 금상.

조정이/ 2016. 10. 동리 다솔시백일장 우수상.

정지윤/ 2016. 10. 제37회 육사문학제 백일장 대상.

김원용/ 2016. 10. 22 부산시인협회시인상 우수상 수상.

그림나무 4집 원고 모집

책펴냄열린시에서 발간하는 엔솔로지 〈그림나무 시〉는 부정기 간행물입니다. 2014년 창간호가 발간되고 2015년 제 3집 〈안경을 닦다〉 2016년 제 3집 〈길 없는 숲 여기저기〉를 발간하였습니다. 특히 그림나무 회원들이 주축이 되어 수준 높은 작품들을 발표하는 무대가 되고 있습니다.

그림나무가 2017년 기을에 발간할 제 4집 원고를 기다립니다. 그림나무 회원 뿐 아니라 시를 사랑하는 분이라면 누구나 참여하실 수 있습니다. 단 엔솔로지 품격을 위해 일정 수준을 기다립니다.

1. 종류 : 신작 시
2. 편수 : 3~5편
3. 마감일 : 2017년 9월 30일
4. 보낼 곳 : ebond@hanmail.net 그림나무 편집실

2016. 11. 05

그림나무 편집위원회

차달숙 시집 두리기둥

눈 시린 벼랑 끝에
동백꽃이 흔들린다

추락은 저런 거다
그림자도 남김없이

흙터만 홀로 자라서
기약하는 눈초리

〈해후〉 전문

신국판 128쪽/정가 8000원
2016년 책펴냄열린시 간

해　연 시집 부활절 아침

다소곳이 차려진 밥상
정다웠던 남편이
병상에서 마지막 악수를 청하던
그날 이후
이십년의 시간
이마 위
주름으로 새겨져 있다
빈자리로 남아 있는 가슴 한켠
눈물로 지샌 밤
어느덧 일흔의 얼굴로

〈남아 있는 어깨〉 중에서

신국판 136쪽/정가 8000원
2016년 책펴냄열린시 간